AF243425

CHOIX

DE

PROJETS DE LOIS

A L'USAGE

DES HOMMES D'ÉTAT

PAR

LUCIEN DOUBLE

AVOCAT A LA COUR D'APPEL DE PARIS

PARIS

TYPOGRAPHIE DE CH. MEYRUEIS

13, RUE CUJAS, 13

1875

CHOIX

DE

PROJETS DE LOIS

A L'USAGE

DES HOMMES D'ÉTAT

CHOIX

DE

PROJETS DE LOIS

A L'USAGE

DES HOMMES D'ÉTAT

PAR

LUCIEN DOUBLE

AVOCAT A LA COUR D'APPEL DE PARIS

PARIS

TYPOGRAPHIE DE CH. MEYRUEIS

13, RUE CUJAS, 13

—

1875

A

M. LÉOPOLD DOUBLE

ANCIEN OFFICIER D'ARTILLERIE

Pour que la dédicace de ce petit opuscule ne paraisse pas une ironie, il me faut trouver un homme qui ait vu les gouvernements se succéder devant lui sans leur demander ni croix, ni places, ni faveurs.

C'est difficile à trouver, c'est même très-embarrassant, et je crois qu'il n'y a pas de meilleur moyen pour un fils de se tirer d'embarras que de s'adresser à son père.

L. D.

CHOIX

DE

PROJETS DE LOIS

A L'USAGE

DES HOMMES D'ÉTAT

Si l'on se contentait pour guérir un malade de changer ses vêtements, il est probable qu'on n'arriverait pas à des résultats bien satisfaisants ; mieux vaudrait tâcher de refaire son tempérament, de lui créer une nouvelle constitution. La France aujourd'hui est un grand corps malade : on change bien souvent ses vêtements, c'est-à-dire la forme de ses gouvernements, mais sa santé reste la même, toujours bien nerveuse, bien chancelante, et il est à craindre qu'il en soit ainsi tant qu'on n'aura pas radicalement renouvelé son organisme.

Ma plume vient d'écrire un mot bien terrible, radicalement! cet adverbe-là sent le pétrole, il a je ne sais quel air communard qui vous fait sans doute frémir : qu'on se rassure et qu'on m'excuse, je ne suis pas précisément un radical et j'appartiens à l'école d'Ambroise Paré, lequel aimait mieux guérir que couper.

Je ne demanderai donc pas de têtes, je n'adresserai ni aux échafauds ni aux balles des appels plus ou moins touchants, quitte à passer aux yeux des

vrais radicaux pour un muscadin égaré
dans notre siècle, et je me bornerai à présenter aux lecteurs, si tant est qu'il se
trouve de bonnes âmes assez indulgentes
pour consentir à me lire, quelques simples observations, quelques petits projets de lois sur certaines réformes que je
crois bonnes, utiles à tout le monde, aux
pauvres comme aux riches, et qui, appli-
quées à temps, pourront peut-être épar-
gner à tous soit des souffrances, soit des
périls.

Et d'abord je commence par dire que
la forme du gouvernement m'est parfai-
tement indifférente : plus ça change,
a-t-on dit vulgairement, et plus c'est la
même chose ; je ne vois même pas qu'un
gouvernement fût bien nécessaire si l'on
avait de bonnes lois, un bon mécanisme

1.

d'administration qui fonctionnerait tout seul sous l'œil paternel de quelques bons commis, choisis autant que possible parmi les gens n'ayant de parents d'aucune sorte en ligne légitime, ni même en ligne naturelle.

Cependant comme nous n'en sommes pas encore là, je suis prêt à m'arranger de ce qui existe, même de ce qui existera. Quelques-unes de mes réformes pourraient se faire tout doucement, entre nous, avec le gouvernement qu'on voudra, qu'il s'appelle Pierre, Jacques ou Jean.

La France a en ce moment une dette de plus de 22 milliards 500 millions, tandis que l'Allemagne n'est obérée que de 5 milliards et que l'Angleterre elle-même, qui passe pour la plus surchargée des nations au point de vue de la dette publique, n'est débitrice que de 19 milliards 500 millions! Ajoutons que la France n'a pas l'air d'abandonner ce moyen si facile de trouver de l'argent en échange de papier, moyen qui, si l'on n'y prend garde, nous ramènera bien vite aux assignats de sinistre mémoire.

De plus la majeure partie des villes françaises, à commencer par Paris, Lyon, Bordeaux, etc., est également chargée de dettes et d'emprunts, dont les intérêts seuls exigent chaque jour de nouveaux impôts et de nouvelles taxes. Il est bien temps d'aviser : tous les ans l'Etat et presque toutes les grandes villes dépensent plus que leurs revenus : il y a longtemps qu'un particulier qui agirait ainsi serait mis en interdiction!

Il est donc urgent de diminuer les dépenses, seul moyen de diminuer progressivement la dette et d'enlever aux contribuables quels qu'ils soient, opulents ou misérables, une partie du poids pesant qu'ils ont à supporter.

Il y a bien des dépenses dans l'administration de l'Etat qu'on pourrait sinon supprimer du moins largement diminuer : nous commencerons donc par examiner quelques réformes économiques qu'on pourrait tenter, et nous aborderons ensuite d'autres améliorations d'un ordre d'idées différent, car la question d'argent, quoique très-importante, n'est pas, selon nous, la seule qui mérite l'attention. Il y aurait assurément des milliers de changements à opérer dans le système des lois françaises, mais nous nous bornerons aujourd'hui à en indiquer quelques-uns. Puisque nous allons nous occuper d'économie regardons un peu les ministères.

RÉFORME ET RECRUTEMENT DU PERSONNEL DES MINISTÈRES.

Les ministères sont, comme on le sait, une des plus lourdes charges de l'Etat : le nombre de millions qu'exigent chaque année les traitements et frais divers des ministres, sous-ministres, secrétaires généraux, chefs de division, de bureau, et sous-chefs, expéditionnaires, etc., est vraiment effroyable ; encore en avons-nous pour notre argent? C'est une question que nous laissons à chacun le soin de décider.

Réformons donc hardiment l'organisation actuelle des ministères et déclarons que :

ART. 1ᵉʳ. Tous les employés des ministères ne forment qu'une seule classe, sauf les chefs de division et de bureau, dont le nombre sera considérablement réduit.

ART. 2. Les employés se recruteront parmi les bacheliers ès lettres et ès sciences, par voie d'examen et, en cas d'insuffisance du nombre des candidats, par voie de tirage au sort à vingt ans. Les bacheliers désignés par le sort seront dispensés du service militaire.

Ils devront, en revanche, servir dans les ministères pendant trois années, sans recevoir d'autres appointements qu'une indemnité de nourriture. En cas de mauvais service, ils reprendront rang dans l'armée.

Art. 3. Ceux dont la bonne conduite et les capacités auront été particulièrement remarquées pourront recommencer une nouvelle période de trois années, à l'expiration desquelles ils seront promus aux places vacantes de chefs de division et de chefs de bureau.

Notre projet, comme on le voit, a l'avantage d'apporter au budget une économie notable ; de plus nous avons tout lieu de croire que ce mode de recrutement des employés de ministère sourirait à la plupart des bacheliers qui se destinent à une carrière paisible, et qui ne feront généralement que de très-mauvais soldats ; car il est évident que ceux qui auraient la vocation militaire seraient entrés dans les écoles spéciales

pour en sortir officiers. Nous aurions
donc de bons employés, contents de leur
sort, qui coûteraient beaucoup moins que
le personnel d'aujourd'hui, et les quelques centaines de jeunes gens nécessaires pour les services ministériels n'af-
faibliraient pas beaucoup l'armée. Notre
projet n'est pas contraire au service
obligatoire, car nous voyons dès maintenant dans l'armée quelques corps de
non-combattants, comme par exemple
le service de l'intendance, les ouvriers
d'artillerie qui se recrutent à peu près
comme se recruteraient nos services ministériels. Au bout de leur temps de service les employés ministériels pourraient, après un examen sérieux, et par
conséquent en minime proportion, con-
tracter un nouvel engagement de trois

ans après lesquels ils seraient choisis pour remplir les places convenablement rétribuées de chef de division et de chef de bureau : ce serait enfin parmi eux, après qu'ils auraient rempli ces fonctions pendant de longues années, qu'on prendrait les ministres, sorte de fonctionnaires auxquels on enlèverait du reste un peu de l'importance et beaucoup des appointements actuels. Les places de secrétaire général, de chef de cabinet, de secrétaire particulier, etc., seraient supprimées. Ce serait une réforme nécessaire, car par une bizarrerie inexplicable, il est indispensable pour remplir ces fonctions d'être fils, gendre, neveu ou cousin du ministre, et comme il pourrait par hasard se trouver quelque ministre sans famille et que par conséquent il serait bien difficile de trouver quelqu'un pour remplir convenablement lesdites fonctions, il est beaucoup plus simple de les supprimer ; la partie utile de la besogne, qui n'est pas lourde, pourra être confiée à un simple employé sans aucune augmentation de salaire.

MODE D'ÉLECTION DES DÉPUTÉS ET RÉFORMES DIVERSES AU SUJET DU CORPS LÉGISLATIF.

Qui peut être assuré qu'un excès de zèle d'un jeune magistrat, une erreur de témoin ou même une vengeance particulière ne vous forcera pas un beau jour à vous asseoir au banc des accusés devant quelque cour d'assises. C'est peut-être votre tête qui sera mise en jeu, et cependant cette pensée ne vous inquiète pas : vous savez en effet que ceux qui décideront de votre sort ne seront pas les agents zélés d'un pouvoir quelconque ou les représentants de quelques passions ; ce seront des gens comme vous, vos voisins, vos amis peut-être, du moins des hommes impartiaux, en un mot des jurés.

Vous trouvez tout simple que ces hommes choisis par le hasard puissent décider du sort de leurs semblables.

Pourquoi le hasard ne désignerait-il pas également vos représentants? Votre vie vaut bien votre bourse et vous la remettez à la discrétion du jury ; et puis qui sait? j'ai idée qu'une chambre choisie par le sort ne fonctionnerait peut-être pas plus mal qu'une autre. D'ailleurs avec le mode actuel d'élection les candidats agitent le pays par leurs discours, leurs affiches, les réunions qu'ils provoquent : avec notre système au contraire, aucun trouble à craindre, aucun désordre à redouter.

Une réforme aussi essentielle, ce serait d'interdire aux députés l'usage de la parole : les uns parlent trop, les autres pas assez, c'est contraire à l'égalité et cela excite des jalousies. De plus, dans les affaires d'un pays il faut fuir avant tout les entraînements : que de mal peut faire un beau discours, que de sinistres peuvent amener quelques belles phrases prononcées légèrement dans la chaleur d'une improvisation! Il faut, répétons-le, quand on s'occupe d'affaires sérieuses se méfier de tous les entraînements et de tous les enthousias- mes, et j'avoue aussi que j'ai peu d'es- time pour le système de comptabilité qu'employait Scipion l'Africain, système qui consistait à engager le peuple à aller remercier de ses victoires les dieux protecteurs de Rome, quand on lui de- mandait ses comptes de général ou de consul.

Nous voudrions donc que la parole fût interdite à la Chambre des députés : on voterait silencieusement sur les di- verses propositions, sur les différents projets de lois qui devraient être en- voyés imprimés huit jours d'avance à chaque membre de la Chambre.

Nous n'admettrons pas non plus la simple majorité, procédé qui fait dépendre le sort de la France d'un rhume de cerveau ou d'un train manqué par la faute d'un fiacre : nous exigerions au moins la majorité du quart, pour permettre à quelques députés d'être malades ou d'être en retard, sans pour cela bouleverser le pays.

L'initiative des lois ne devrait pas appartenir aux députés : ce serait le partage d'un corps spécial qu'on pourrait nommer le Tribunat, et qui serait composé de magistrats, de membres du barreau, de notaires, etc., enfin de gens ayant consacré leur vie à l'étude et à l'application des lois.

Chacun des 86 départements fournirait 4 députés, deux tirés des listes du jury et deux de l'ensemble des citoyens inscrits ; Belfort en aurait 2, l'Algérie en fournirait 12, les autres colonies 8. Il serait juste d'accorder aux départements les plus peuplés, tels que la Seine, le Nord, le Rhône, etc., quelques députés supplémentaires ; mais les nombres indiqués plus haut ne représentant que 386 députés, il en resterait 14 pour Paris, Lyon, Marseille, Lille, etc. Pour faciliter les opérations du tirage, le sort désignerait d'abord dans chaque département l'arrondissement parmi les citoyens duquel seraient pris les représentants de tout le département.

Résumons-nous donc au sujet de notre Chambre des députés ; quant à une seconde Chambre nous ne nous en occuperons même pas.

Art. 1er. Le nombre des députés est fixe à quatre cents.

Ils sont désignés par le sort.

Deux cents seront tirés des listes des jurés.

Deux cents de l'universalité des citoyens inscrits.

(Voir plus bas les conditions d'inscription.)

Art. 2. Ils ne recevront aucun appointement, mais une caisse spéciale pourra distribuer secrètement une indemnité de cinq francs par jour de séance à ceux qui en feront la demande. Les députés auront droit de parcours gratuit sur les chemins de fer pour se rendre de leur domicile au lieu des séances.

Les sessions seront aussi courtes que possible ; elles n'auront lieu qu'une fois par an.

Art. 3. L'usage de la parole est interdit à la Chambre des députés : les députés ne doivent se réunir que pour voter silencieusement sur les projets qui leur auront été communiqués à domicile. Ils auront, dans l'intervalle des séances, le droit de se réunir dans dans une salle-bibliothèque spéciale; le compte rendu de ces réunions est interdit sous peine d'une amende de 1,000 à 10,000 francs, de cinq ans de prison et de la privation des droits civiques.

Art. 4. Les lois seront proposées à la Chambre, sur la demande des ministres, par un tribunat de dix-huit membres, dont six nommés par la magistrature, six par l'ordre des avocats, et six par les chambres des notaires et des avoués.

IMPÔT SUR LES ÉTRANGERS.

Un impôt qui je crois ne pourrait déplaire à personne, si ce n'est peut-être aux étrangers, ce serait l'impôt sur les étrangers. Et encore remarquons que je ne voudrais pas par ma mesure fiscale

éloigner ces riches personnages exoti-
ques, les Brésiliens, les nababs, les
boyards, tous ces braves gens qui viennent si galamment dépenser leur argent
à Paris et qui ne demandent qu'à laisser
un peu de leur toison d'or aux épines de
nos roses ou aux ronces de nos bos-
quets. Ceux-là ne nous nuisent pas, au
contraire ; mais il n'y a pas qu'eux : une
effrayante quantité d'Allemands, d'An-
glais, de Belges, d'Italiens viennent en-
combrer toutes les carrières industrielles
et commerciales au grand détriment des
Français. Il serait juste que ces enva-
hisseurs fussent mis en demeure de
payer un certain droit pour pouvoir
exercer leurs métiers en France. Cela serait très-simple et très-facile à exécuter.

Article unique. L'impôt dit des patentes est quadruplé pour tout étranger se livrant, en France, à une profession soumise au droit de patente.

PENSIONS, RETRAITES ET BUREAUX DE TABAC.

Article unique. Il ne sera accordé ni pensions, ni retraites, ni secours, ni bureaux de tabac aux personnes jouissant de plus de 50,000 francs de rente.

RÉVISION DES MODES D'OBTENTION DE LA LÉGION D'HONNEUR.

Si l'on veut que les décorations soient vraiment estimées, il faut remanier entièrement l'institution de la Lé-

gion d'honneur, et ne les accorder
qu'aux citoyens qui auront réellement
risqué leur vie pour servir le pays ou
pour sauver leur semblable. C'est assurément fort beau d'être administrateur
de chemin de fer, riche banquier ou secrétaire d'un ministre, mais enfin on ne
court guère d'autres risques que de tou-
cher des appointements ou de faire fortune. Mérite-t-on pour cela la même
récompense que le soldat qui s'est vu
mutiler par un boulet, que l'officier dont
les deux yeux ont été brûlés par la pou-
dre, que le marin qui s'est exposé à la
mort pour arracher aux flots leur victime ou même que le médecin qui brave
tous les jours le danger des épidémies?

Réservons donc la Légion d'honneur
uniquement pour ceux qui auront été

blessés devant l'ennemi ou qui auront risqué leur vie pour sauver celle des autres.

Maintenant comme cela pourra faire beaucoup de mécontents, nous ne nous opposerions pas à ce qu'on créât un ordre spécial de décorations pour tous ceux qui n'en méritent pas.

Art. 1er. La Légion d'honneur ne se donnera dorénavant qu'aux citoyens ou soldats qui auront été blessés devant l'ennemi ou qui se seront signalés en risquant réellement leur vie.

Art. 2. Chaque décoration portera, gravée sur le médaillon central, la cause qui l'aura fait décerner, à la place occupée jusqu'ici par les différents profils imposés par chaque nouveau gouvernement.

DROIT D'APPEL DES INDIVIDUS CONDAMNÉS PAR LES COURS D'ASSISES.

Toutes les fois que dans un procès civil il s'agit d'un intérêt supérieur à 1,500 francs, les parties ont le droit d'en appeler d'un premier jugement.

L'homme condamné à mort n'a pas le droit d'en appeler : il n'a que le recours en cassation. Or supposez qu'on l'ait condamné injustement mais en observant scrupuleusement toutes les formes, ce recours sera impitoyablement rejeté par la Cour de cassation qui n'a précisement que le droit d'examiner si les formes égales ont été respectées. Le condamné n'aura plus alors qu'une chance bien légère, et encore non d'être reconnu innocent, mais d'être gracié, le recours en grâce.

La vie d'un homme vaut bien 1,500 francs, ce me semble, et il serait juste d'accorder à tous les malheureux frappés par les verdicts des cours d'assises le bénéfice de la loi suivante :

Art. 1er. Tout individu condamné par une cour d'assises aura le droit d'appeler du jugement rendu contre lui.

Art. 2. En cas d'appel, l'affaire sera jugée à nouveau par une autre cour d'assises dépendant du même ressort judiciaire.

ORDRE RURAL.

La police de Paris est, nous nous plaisons à le reconnaître, admirablement faite : il est très-rare qu'il arrive malheur au chef de l'Etat, empereur, roi ou autre chose, malgré de trop nombreuses tentatives : les ministres ne sont jamais volés, et les particuliers eux-mêmes sont assez bien protégés.

Mais, dans les campagnes, c'est autre chose : pensez un peu à ce qui se passe depuis deux ans dans les environs de Limours ; eh bien, si les criminels le voulaient, il pourrait en être ainsi dans presque tous nos villages.

Le nombre des gendarmes est déri-

soire, eu égard au chiffre de la popula-
tion ; croyez-vous que quatre ou cinq
hommes, si dévoués, si braves qu'ils
soient, puissent réellement exercer une
surveillance bien active sur dix ou douze
villages souvent fort éloignés les uns
des autres ; et supposez une émeute,
même une simple échauffourée à une
fête quelconque, que feront deux ou
trois gendarmes entourés de mille à
douze cents solides gars, vin au cerveau et bâton en main ? Il faudrait que
la gendarmerie pût compter sur un
appui sérieux, que dans chaque village
elle eût des aides prêts à venir à son
premier appel. Pour cela il suffirait de
décider qu'il serait choisi dans chaque
canton rural, en proportion de dix pour
un gendarme, des auxiliaires nommés

gendarmes auxiliaires, pris parmi les anciens soldats de quarante à cinquante ans, lesquels ne seraient astreints à aucun service régulier, mais devraient simplement venir en aide à la gendarmerie dès qu'ils en seraient requis.

Supposez un assassinat dans un village, un vol avec effraction, un crime enfin : la caserne de gendarmerie est à deux ou trois lieues, le garde champêtre est aux champs, les habitants sont prudents et d'ailleurs cela ne les regarde pas, qui arrêtera l'assassin, le coupable ? Sera-ce le maire ou l'instituteur ? Ne serait-il pas bien utile pour les autorités municipales d'avoir dans ce cas sous leur main nos gendarmes auxiliaires qu'elles auraient le droit de requérir ?

Ces défenseurs de l'ordre n'auraient pas d'uniforme ; un simple brassard tricolore suffirait pour les faire reconnaître. On leur accorderait en compensation de leurs services, qui peuvent fort bien ne pas être réclamés pendant des années, l'exemption de l'impôt des prestations en nature (impôt qui n'existe que dans les communes rurales pour l'entretien des chemins vicinaux) ; en outre il pourrait leur être alloué en cas de dérangement une indemnité de 4 francs par jour.

Ces hommes seraient autant que possible nommés sur leur demande ; s'il ne s'en présentait pas assez, nous aurions encore recours au moyen du tirage au sort. Mais qu'on soit convaincu que le charme du brassard, le plaisir d'être quelque chose, d'avoir une petite autorité suffiront pour attirer de nombreux candidats. Voilà donc un moyen d'avoir une véritable armée de défenseurs de l'ordre, sans grever le budget du pays (1).

L'armement de nos hommes ne coûtera rien non plus : on le prendra dans les arsenaux de l'Etat, parmi tous ces vieux fusils d'anciens systèmes qui se rouillent inutilement. Par exemple nous tiendrions à ce que ces armes fussent déposées à la caserne de gendarmerie où les auxiliaires iraient les prendre en cas de besoin.

Une revue d'une heure tous les six mois suffirait pour que les gendarmes

(1) Le nombre des gendarmes répandus dans les départements est d'environ 25,000 ; mais nos auxiliaires ne seraient nécessaires que dans les campagnes.

pussent connaître leurs aides, dont les adresses d'ailleurs seraient inscrites sur un registre spécial déposé à la caserne et aux mairies.

Art. 1er. Il sera créé une gendarmerie auxiliaire recrutée parmi les anciens militaires de quarante à cinquante ans, et destinée uniquement à maintenir l'ordre dans les campagnes.

Art. 2. Ces auxiliaires seront dispensés de l'impôt des prestations en nature; en cas de dérangement, ils recevront une indemnité de quatre francs par jour ou par fraction de jour.

Art. 3. Ils seront tenus de se rendre immédiatement auprès des gendarmes et des maires aussitôt qu'ils en seront requis pour assurer l'ordre public; mais leurs services ne pourront être exigés que dans leur canton.

Art. 4. En cas de blessures ou de mort dans l'exercice de leurs fonctions, il sera fait application aux auxiliaires ou à leurs ayants droit des mêmes avantages, pensions ou indemnités qu'à la gendarmerie ordinaire.

ORGANISATION DES TRAVAILLEURS.

La perfection, on le voit assez par l'expérience, n'est assurément pas de ce monde : aussi l'organisation que nous proposons dans l'intérêt des travailleurs n'est-elle pas parfaite, mais si elle pouvait améliorer un peu le sort des classes souffrantes, si par ce moyen on pouvait arriver à ce que tout homme de bonne volonté valide et honnête pût être sûr de ne pas mourir de faim, ce serait déjà beaucoup. Malheureusement la sollicitude des gouvernements s'est beaucoup plus étudiée à trouver les meilleurs

moyens de faire tuer les Français qu'à
s'occuper de les faire vivre, et le travail, cette grande richesse, cet immense
moyen de produire le capital est resté
abandonné à toutes les routines, à tous
les vieux errements. Il est temps d'aviser. Cette réforme-là coûtera peut-être
quelque chose, mais les ressources du
budget dégrévé de la plus grosse part
des frais des ministères et de la Chambre
des députés, enrichi par l'impôt sur les
étrangers, seront assez grandes pour
qu'on en puisse distraire une minime
portion au profit de l'organisation du
travail : et de plus on rentrera promptement dans les dépenses qu'on aura pù
faire, grâce à l'ordre qui ne sera plus
troublé et aux produits plus féconds
d'un labeur intelligemment dirigé !

·La misère de l'ouvrier tient d'abord au chômage : c'est-à-dire que si dans une ville il n'y a pas assez de commandes pour tous les bras qui sont à occuper, une partie des ouvriers se trouve nécessairement sans travail.

Mais il est bien rare que le travail manque partout à la fois. Souvent il y a trop de bras à Paris ou à Lyon, et pas assez à Marseille ou à Bordeaux. Malheureusement les ouvriers sans ouvrage l'ignorent, ou s'ils l'apprennent par hasard, ils n'ont pas le moyen de faire de coûteux voyages, surtout sans être assurés de trouver du travail à leur arrivée, dans un pays dont ils ne connaissent ni les habitants ni les usages.

La seconde cause de misère c'est la vieillesse et la maladie : déjà, pour lutter contre les attaques de ce dernier fléau, des sociétés se sont formées, malheureusement elles sont peu nombreuses, peu riches, souvent pas très-bien dirigées, et il faudrait pour les soutenir la main puissante de l'Etat. A la vieillesse il n'y a pas de remède ; mais nous voudrions que l'homme qui a passé sa vie à manier le lourd marteau du forgeron comme celui qui a ciselé ou buriné sans relâche ces merveilles de l'art qui font la fortune de Paris, que tout travailleur enfin pût être sûr d'avoir pour ses derniers jours au moins le pain nécessaire. Sur trois habitants de Paris un aujourd'hui en moyenne meurt dans les bâtiments de l'Assistance publique, c'est trop. Il faut que l'ouvrier puisse enfin ne plus voir au bout de sa carrière se dresser le portail sombre de l'Hôtel-Dieu, il faut qu'il puisse rêver un autre avenir qu'un lit à Bicêtre, il faut qu'il puisse au moins sortir de la vie sans passer fatalement par les deux portes d'angoisse de la misère et de l'hôpital.

Art. 1er. Il est tenu dans chaque municipalité un registre où seront inscrites les demandes d'ouvrage des ouvriers et les demandes de travailleurs faites par les patrons. Le gouvernement enverra gratuitement les ouvriers sans ouvrage sur les points où ils seront réclamés.

Art. 2 Une retenue de deux pour cent sera opérée sur les salaires; au moyen de cette retenue une pension fixée par une loi ultérieure et proportionnelle aux sommes versées sera acquise aux travailleurs au bout de trente-cinq ans, ou plus tôt en cas d'incapacité bien constatée de travail. Le gouvernement s'engage formellement à procurer en cas de chômage absolu des moyens d'existence aux ouvriers, à la condition qu'ils se soumettront à toutes les nécessités de déplacement et de changement de profession.

Art. 3. Tout ouvrier voulant profiter de ces avantages devra, dans le délai d'un mois qui suivra la promulgation de ladite loi, se faire inscrire sur un registre ouvert à cet effet. Pour l'avenir, l'inscription devra être effectuée avant l'âge de vingt ans.

Art, 4. Un minimum de salaires pour les différents genres de travaux soit à la tâche, soit à la journée sera fixé tous les ans dans chaque département par l'autorité supérieure, après consultation des chambres de commerce, et d'après les renseignements fournis par les délégués des patrons et des ouvriers.

Lorsque pendant un mois la moyenne journalière de son salaire n'aura pas atteint ce minimum, l'ouvrier pourra réclamer, comme en cas de manque complet d'ouvrage, son envoi gratuit dans un autre centre industriel, et même, s'il y a lieu, son entrée dans les ateliers ou chantiers spéciaux de l'Etat organisés en vue de parer aux chômages.

Malgré l'activité de travail qui règne généralement sur un point ou sur un autre de la France, il pourra se faire qu'un certain nombre d'ouvriers de professions diverses ne trouvent pas à s'occuper ; dans ce cas ce sera au gouvernement à aviser. Bien des métiers se rapprochent : un mécanicien, un horloger par exemple peuvent se mettre promptement en état de faire des armuriers très-satisfaisants, un maçon peut devenir terrassier. L'Etat indiquera sur le vu des registres de demandes les professions qui ne sont pas encombrées. Puis le gouvernement peut profiter des forces ouvrières qu'il aura sous la main pour faire exécuter alors les grands travaux publics d'utilité peu urgente, tels que salles d'opéra, palais de la Chambre des députés ou autres, promenades, embellissements, etc. L'Etat pourra même faire quelques avances, faire travailler certains corps de métier pour l'exportation future. Il va sans dire qu'autant que possible on ne chargera pas, comme dans les ateliers nationaux de 1848, les ouvriers en instruments de précision de faire des terrassements, ou les tailleurs de faire des plantations.

Ne pourrait-on pas aussi, afin d'encourager les ouvriers à remplir leur devoir, car l'homme est ainsi fait qu'il est toujours beaucoup mieux disposé à bien faire

3.

s'il y voit quelque intérêt, ne pourrait-on pas, dis-je, prendre tous les ans sur les terrains de l'Etat ou des communes, qui généralement rapportent très-peu, quelques lots de terrain sur lesquels, dans les temps de chômage dont nous parlions, on élèverait quelques maisonnettes? Ces petites propriétés seraient données à titre de récompense nationale aux plus méritants des travailleurs; ces récompenses seraient accordées, en même temps que la retraite, par une commission spéciale composée de façon à donner toute garantie d'impartialité. Et qui sait le nombre de braves gens que nous devrions peut-être au séduisant mirage de cette petite construction aux murs bien blancs, aux volets bien verts, tranquille asile de vieillesse tout rayonnant dans le lointain au doux soleil de l'avenir !

CONDITIONS POUR ÊTRE CITOYEN.

Tout le monde doit pouvoir être citoyen, nous l'admettons : mais ce n'est pas une raison pour que tout le monde doive l'être. Dès maintenant nous voyons certaines condamnations enlever à ceux qui en sont frappés la jouissance de leurs droits politiques ou civiques (1). Eh bien, nous voudrions que

(1) Les droits civiques sont le droit de voter, le droit d'arriver aux fonctions publiques, le droit d'être juré, etc. Le droit de faire partie de l'armée est un droit civique, mais nous n'en priverions pas celui qui n'aurait pas passé notre examen de citoyen.

l'ignorance fût traitée comme le crime, car nous la regardons comme un crime de lèse-humanité.

Néanmoins, comme nous sommes très-partisan de la liberté, nous repoussons l'instruction obligatoire; mais nous voudrions qu'on ne pût exercer les droits de citoyen qu'après une constatation de la capacité et de l'instruction nécessaires pour en jouir convenablement : bref, nous serions d'avis que personne ne pût exercer ses droits civiques qu'après avoir passé une sorte d'examen prouvant qu'on sait lire, écrire, un peu compter : nous demanderions même quelques légères notions de code civil et de droit pénal, telles qu'on pourrait les enseigner dans les écoles primaires : des cours spéciaux et gratuits pour les adultes seraient en outre faits le soir pendant six mois de l'année, dans toutes les communes, pour que les illettrés pussent tous les ans se présenter à l'examen de citoyen. Dans un de nos précédents projets nous avons demandé qu'on supprimât le mode de l'élection pour le choix des députés ; mais les citoyens auraient encore à nommer les conseillers généraux, utiles pour débattre les intérêts des départements, les conseillers d'arrondissement, utiles également pour satisfaire les petites vanités locales, les conseillers municipaux, les maires même, positions plus modestes, et dont les titulaires ne sont en quelque sorte que de simples délégués d'affaires. De plus nul ne pourrait, sans avoir passé notre examen, être apte à une fonction quelconque ; il ne pourrait en outre avoir ni droit de tutelle, ni droit de plaider sans autorisation d'un conseil de famille (1), etc. ; en un mot il serait perpétuellement dans la position d'un mineur, sauf en ce qui concerne la validité des transactions de la vie ordinaire.

ART. 1er. Nul ne peut jouir des droits civiques et de certains droits civils qui seront désignés ultérieurement s'il n'a passé l'examen dit de citoyen.

ART. 2. Cet examen pourra être passé tous les ans à la mairie de chaque commune devant un jury composé du maire, d'un délégué de l'instruction publique et de sept citoyens désignés par le sort dans les listes des jurys.

(1) Ces droits sont des droits civils, ainsi que ceux de posséder, disposer, succéder, se marier, dont nous laisserions la jouissance à l'illettré.

Art. 3. Sont dispensés de cet examen les bacheliers ès-lettres ou ès-sciences, les officiers et sous-officiers démissionnaires ou retraités, les élèves des écoles normales.

MODE DE LIBÉRATION DES PRISONNIERS ET INDEMNITÉ DES PRÉVENUS RECONNUS INNOCENTS.

Il est rare de voir les gens dans l'aisance se livrer au vol ; les montres, les foulards et les portefeuilles des autres ne sont recherchés que par ceux qui n'en ont guère à eux : la plupart du temps les voleurs volent par misère : empressons-nous de dire que cette misère est généralement la suite de la paresse et de la débauche, mais enfin elle n'en est pas moins un fait réel. Supposons maintenant un de ces voleurs ou même un maraudeur quelconque pris en flagrant délit, arrêté et jugé : il aura simplement quelques mois de prison à subir, si le vol est vol simple, sans circonstances aggravantes. Enfermé à Sainte-Pélagie ou ailleurs, il sera soumis à un travail généralement peu lucratif, tel que fabrication d'abat-jour ou d'éventails en papier, tressage de nattes, etc., encore l'entrepreneur des prisons prélèvera-t-il son bénéfice sur le maigre salaire du prisonnier (ce qui par parenthèse lui permettra de livrer différentes sortes d'ouvrages à plus bas prix que les ouvriers libres hors d'état de lutter contre cette concurrence).

Son temps fait, le détenu (1) libéré se trouvera dans la rue, n'ayant sur les épaules que les haillons qu'il portait au moment de son arrestation, et qu'on lui rendra Dieu sait dans quel état ; en fait d'argent il se trouvera, s'il a bien travaillé, à la tête de 10 à 12 francs ; et si son emprisonnement n'a pas été long, si le travail qu'on lui a confié était hors

(1) Nous employons le mot *détenu* dans son sens général et vulgaire ; mais il est bon de faire remarquer qu'aux termes de la loi, la détention, la réclusion et l'emprisonnement sont trois choses essentiellement différentes : la détention (peine en matière politique) dure de cinq à vingt ans ; la réclusion (peine en matière criminelle) de cinq à dix ans, et l'emprisonnement (peine en matière correctionnelle) de six jours à cinq ans. Il va sans dire que notre projet ne s'applique pas aux détenus politiques, dont la situation est bien différente de celle des prisonniers vulgaires.

de ses moyens, s'il a gâté quelques ma-
tériaux, il peut se faire qu'il n'ait abso-
lument rien pour vivre jusqu'à ce qu'il
trouve à s'occuper. Or trouvera-t-il facilement? Non, assurément; les individus
sortant de prison n'inspirent qu'une mé-
diocre confiance et qu'une sympathie
limitée, que fera-t-il donc sans argent et
sans ouvrage? Il recommencera à voler;
et c'est triste à dire, à moins de consentir
à mourir de faim, il ne pourra guère
faire autrement.

Imaginez maintenant qu'un parfait
honnête homme soit injustement accusé,
arrêté, mis en prévention et déposé à
Mazas au secret. Sans doute, malgré
l'éloquence de M. le procureur de la
république, son innocence sera recon-
nue, les avocats sont là pour cela.

D'une voix indifférente le président or-
donnera *que le prévenu soit relaxé s'il
n'est détenu pour autre cause :* et puis
après ? Voilà un homme qui sera resté
des mois entiers enfermé au secret, la
plus horrible des tortures morales; s'il a
de la famille, la famille aura mangé les
pauvres économies qu'elle avait pu faire;
et de plus il sera toujours suspect à ses
voisins : il a été en prison, il a été
accusé ; et ses bons camarades ne man-
queront pas de le féliciter d'avoir eu un
défenseur habile : voilà un homme à peu
près certain de ne pas trouver d'ouvrage
au moins pendant quelque temps. Or,
quand on travaille pour vivre, *quelque
temps* c'est bien long : et la Faim, mau-
vaise conseillère, est là, toute prête à
murmurer de sa bouche flétrie à l'oreille

du malheureux quelques-uns de ses funestes conseils.

Les deux cas que nous venons d'exposer sont certes bien différents; l'accusé honnête et reconnu tel mérite bien plus d'intérêt que le coquin libéré, mais enfin il y a quelque chose à faire pour tous les deux, beaucoup pour l'un, un peu pour l'autre.

Voici ce qu'on pourrait faire :

ART. 1er. La déclaration d'innocence du prévenu se fera en grand appareil : le président de la cour ou du tribunal félicitera publiquement le prévenu de son innocence.

ART. 2. Tout prévenu reconnu innocent aura droit de réclamer une indemnité variant de 100 à 2,000 francs, et dont le chiffre sera fixé par la cour ou le tribunal qui aura déclaré le prévenu non coupable.

Passons maintenant au condamné qui a fait son temps et que la justice a condamné à l'emprisonnement et non à la mort par inanition.

Art. 1ᵉʳ. Tout condamné qui, à l'expiration de sa peine, ne justifiera pas être en possession d'une somme d'au moins cent cinquante francs, produit de sa masse ou possession personnelle acquise licitement, sera retenu dans des ateliers du gouvernement annexés aux prisons, jusqu'à ce qu'il ait, par son travail, acquis la somme ci-dessus énoncée.

Art. 2. Ces ateliers seront chargés de préférence des fournitures du gouvernement : les libérés valides pourront même être employés au dehors à des travaux de terrassement. Les libérés auront la libre disposition du dimanche : ils pourront sortir à la condition de rentrer à une heure fixée.

Art. 3. Toute évasion ou tentative d'évasion sera punie des travaux forcés à perpétuité.

Notre première proposition ne peut, je crois, soulever aucune objection : la seconde prête davantage à la discussion : on ne manquera pas d'objecter que c'est augmenter la durée de la détention. Il y a à répondre à cela que le condamné, sachant dès son entrée en prison qu'il ne sortira tout à fait qu'après avoir amassé un certain pécule, travaillera beaucoup plus activement qu'il ne le fait en général à présent : de plus une révision bien faite ou même la suppression des contrats passés avec les entrepreneurs des prisons permettrait d'augmenter considérablement les salaires actuels, et même de les mettre au niveau de ceux des ouvriers libres. En travaillant activement, en n'ayant pas toutes les dépenses voraces de la tabagie, du cabaret et autres mauvais lieux, en vivant nécessairement plus économique-ment par suite de cette grande associa-tion de la prison (car le travail du pri-sonnier doit d'abord payer son entretien) le détenu arrivera vite à gagner les 150 francs exigés ; et quand bien même il devrait rester un mois ou deux de plus enfermé dans un atelier d'où il ne sortirait que le dimanche, nous ne le plaindrions pas beaucoup. Il prendra peut-être le goût du travail et de l'éco-nomie quand il se verra à la tête de ses 150 francs. De plus des comités devront se former sous la surveillance adminis-trative, et il en existe déjà, qui se char-

geront de procurer de l'ouvrage aux libérés : au besoin l'Etat. peut leur offrir
en Algérie, en Cochinchine, de vastes
concessions de terre et quelques petites
avances en outils, graines, vivres, qui
seront largement remboursées, même au
point de vue économique, si l'on a en
France quelques coquins de moins, et
dans nos colonies quelques honnêtes
gens de plus.

Vos condamnés libérés, me dira-t-on
encore, le premier dimanche qu'ils pourront sortir s'empresseront d'en profiter
pour ne plus revenir. Très-bien; mais
d'abord la crainte des travaux forcés en
retiendra beaucoup : et si quelques-uns
ne rentrent pas à l'heure indiquée,
comme on se mettra immédiatement à
leur recherche, ils seront facilement re-

trouvés ; bien peu d'ailleurs risqueront
le bagne à perpétuité pour avancer de
quelques jours seulement une liberté
assurée, sans compter qu'ils renonce-
raient par leur fuite à l'argent (déposé
à la caisse de la prison) qu'ils auraient
déjà gagné, et qui leur tiendra à cœur
comme tout argent conquis par la sueur
et la fatigue.

LE RÉTABLISSEMENT DE LA LOTERIE.

Tout le monde, hélas! ne peut pas
être heureux ; pour qu'il y ait des heureux, il faut, corollaire redoutable, qu'il
y ait aussi des malheureux, car le repos
des uns est nécessairement le résultat

des fatigues des autres, toute jouissance vient d'une peine et tout bonheur d'une souffrance. Mais du moins jusqu'ici à tous les malheureux, à tous ceux qui souffrent, à tous ceux qui supportent les longues journées de fatigue, on avait laissé, patrimoine commun de ceux qui n'en avaient point, une chose : l'espérance. Depuis la boîte de Pandore où elle était restée blottie jusqu'à l'urne de la loterie, son refuge dans les temps modernes, on avait su où la trouver : elle était là, on la sentait, et le soir la journée finie, rentré dans quelque hôtel dégarni, le pauvre entendait bruire à son oreille, à travers le brouillard des rêves, le doux battement des ailes azurées de la bienfaisante déité.

Les grands hôtels aux fenêtres illu-

minées, les beaux attelages, les femmes
parées, la grande vie des riches, large,
épanouie, cette vie des bienheureux qui
ne souffrent pas et qui ne voient pas
souffrir autour d'eux, cette vie-là de-
main elle pouvait être sienne ! Et quand
un jour de fête, il s'aventurait loin de
ses quartiers maudits, cratères brûlés
de l'émeute ou marais humides de la
misère, quand il arrivait sur les grands
boulevards, aux Champs-Elysées, et
qu'il voyait tout ce beau monde heureux
et riant sous le frais ombrage des
grands arbres, ou passant, comme l'é-
clair, du trot rapide de ses chevaux, au
lieu de faire comme aujourd'hui, de se
regarder et de dire : « Pourquoi les autres ne sont-ils pas comme moi? » il
souriait et se disait : « Voilà pourtant

comme peut-être je serai dimanche. »

Et c'est ce peut-être qu'on a osé supprimer, ce peut-être qui a fait supporter patiemment de si grandes misères, ce peut-être qui était toute la poésie, toute l'espérance de la vie. Ce futur, supérieur même au présent, brutalement on l'a rayé et on l'a remplacé par jamais.

Tous les bonheurs en rêve, tous les beaux châteaux en Espagne, c'était la loterie qui les donnait, cette pauvre loterie contre laquelle on a tant crié, et qu'en somme on rétablit honteusement aujourd'hui avec les valeurs à lots, les tirages, les primes de remboursement, toutes choses dont pour profiter il faut avoir beaucoup plus d'argent que les quelques sous suffisants jadis pour la loterie.

Et si nous voyons tous les jours nos tribunaux forcés de sévir contre ces agences de courses, ces sociétés de parieurs, qui pullulaient naguère sur les pelouses de Longchamps ou de la Marche, n'est-ce pas une preuve que la foule regrette et veut remplacer la loterie qu'on lui a enlevée ? Qu'arrive-t-il, malgré les condamnations, malgré les rigueurs, malgré même les duperies dont elle est quelquefois victime ; la foule parie tout de même, parie autant, parie plus.

Ne valait-il pas mieux réglementer ce besoin, en faire profiter la caisse du gouvernement, qui est en somme la caisse de tout le monde, et, grâce à cet impôt volontaire, supprimer quelque impôt obligatoire : obligatoire, vilain

4.

mot qu'on entend partout maintenant, instruction obligatoire, service obliga-toire, vote obligatoire, et qui fait vraiment un bizarre effet sous le régime de la liberté.

L'ouvrier, le gagiste, diront les sévères moralistes, les hommes d'Etat de mine austère, portaient à la loterie l'argent qu'ils auraient épargné. Point : cet argent-là a passé au cabaret où l'on débite aussi de l'espérance en flacon et de l'illusion en bouteille ; mais cette espérance-là est bien inférieure à l'autre, elle grise d'abord, elle rend malade et méchant, et de plus elle est tout à fait irréalisable.

Puis, lui en avez-vous laissé beaucoup à notre pauvre prolétaire de cet argent, destiné à la loterie, Messieurs les hom-

mes d'Etat : les impôts qu'il a fallu créer
pour remplacer cette malheureuse loterie en ont pris une bonne part, le cabaret a pris le reste et finalement personne
n'y a gagné sauf les marchands de vin
d'abord, puis vous ensuite, Messieurs,
qui avez imaginé ces petites valeurs
bizarres qui promettent toujours sûre-
ment ce que la loterie faisait simplement espérer, et qui ne sont qu'un
piége où se laissent inévitablement prendre les petits capitaux et les maigres
économies. Ah! que la loterie coûtait
moins cher aux petites gens que toutes
les valeurs insensées qui se fondent tous
les jours, Crédit de la Forêt-Noire,
Houillères et Charbonnages de Bondy,
Société d'emprunts non remboursables,
mais sans intérêts, Union des valeurs

helléniques, Compagnie des gaz exhila-
rants et autres inventions modernes,
créées par les uns à l'usage exclusif
des autres!

Et sur ce nous proclamons hardiment :

Article unique. La loterie est rétablie.

TABLE DES MATIÈRES

Pages.

Réforme et recrutement du personnel des
ministères 13
Mode d'élection des députés et réformes
diverses au sujet du Corps législatif. . 18
Impôt sur les étrangers 25
Pensions, retraites et bureaux de tabac. 27
Révision des modes d'obtention de la
Légion d'honneur. 27
Droit d'appel des individus condamnés
par les cours d'assises. 30
Ordre rural. 32

Pages.

Organisation des travailleurs. 38

Conditions pour être citoyen. 47

Mode de libération des prisonniers et indemnité des prévenus reconnus inno-
cents 51

Rétablissement de la loterie . . . 61

6881. — Paris. Typ. Ch. Meyrueis, 13, rue Cujas. — 1875.